VON DEM FISCHER
UN SYNER FRU

Ein Märchen
nach Philipp Otto Runge
mit sieben kolorierten Bildern
von Marcus Behmer
und einem Nachwort
von Beate Jahn.
Mit einer Nacherzählung
und einem Nachwort
von Uwe Johnson

Insel Verlag

Insel-Bücherei Nr. 1075

Von dem Fischer un syner Fru

Ein märchen nach
Philipp Otto Runge
mit sieben bildern
von Marcus Behmer

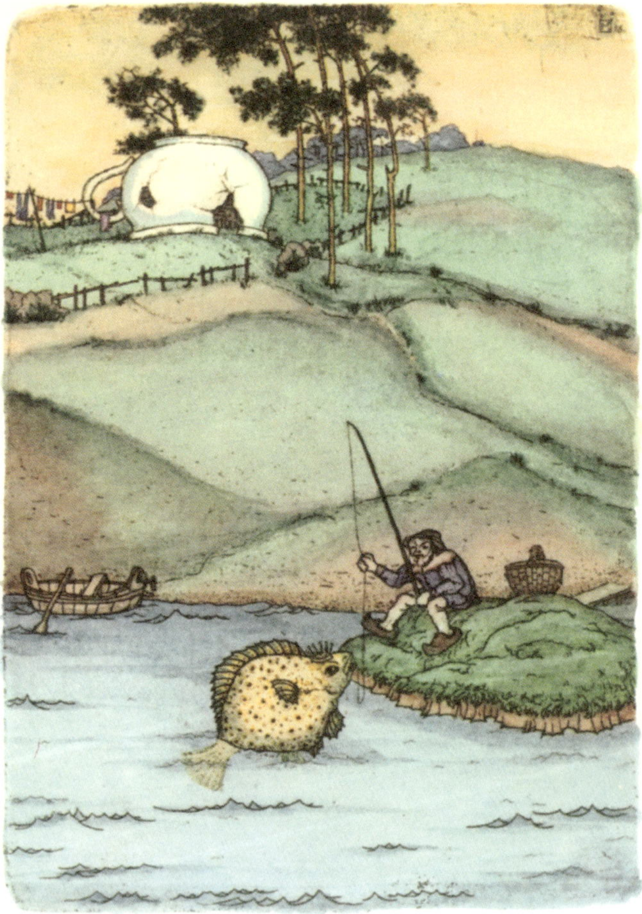

Dar wöör maal eens een fiſcher un ſyne fru, de waanden toſamen in'n pißputt, dicht an der ſee, un de fiſcher güng alle dage hen un angeld – un he angeld un angeld. ❧ So ſeet he ook eens by de angel, un ſeeg jümmer in dat blanke water henin – un he ſeet un ſeet. ❧ Do güng de angel to grund, deep ünner un as he ſe herup haald, ſo haald he enen grooten butt herut. Do ſäd de butt to em: hör mal, fiſcher ik bidd dy, laat my lewen, ik bün keen rechten butt, ik bün'n verwünſchten prins; wat helpt dy dat, dat du my doot maakſt? ik würr dy doch nich recht ſmecken, ſett my wedder in dat water, un laat my ſwemmen. – Nu, ſäd de mann, du bruukſt nich ſo veel wöörd to maken, enen butt, de ſpreken kann, hadd ik doch wol ſwemmen laten. Mit des ſett't he em wedder in dat blanke water, do güng de butt to grund, un leet enen langen ſtrypen bloot achter ſik. Do ſtünn de fiſcher up, un güng na ſyne fru in'n pißputt. ❧ Mann, ſäd de fru, heſt du hüüt niks fungen? Ne, ſäd de mann, ik füng enen butt, de ſäd, he wöör een verwünſchten prins, do hebb ik em wedder swemmen laten. – Hest du dy denn niks wůnschd? såd de fru. Ne såd de mann, wat schull ik my wůnschen? – Ach! såd de fru, dat is doch åwel, hyr man jůmmer in'n pißputt to wanen, dat stinkt un is so eeklig: du haddst uns doch ene lůttje hůtt wůnschen kunnt, ga noch hen un roop em: segg em, wy wåhlt 'ne lůttje hůtt hebben, he dait dat gewiß. – Ach, såd de mann, wat schull ik door noch hengaan? – J, såd de fru, du haddst em doch fungen, un hest em wedder swemmen laten, he dait dat gewiß, ga glyk hen! – De mann wull noch nich recht, wull awerst syn fru ook nich to weddern syn un gůng hen na der see. As he door köhm, wöör de see ganß gröön un geel, un goor nich meer so blank; so gůng he staan un såd:

Manntje! Manntje! Timpe Te!
Buttje! Buttje in der see!
Myne fru de Jlsebill
Will nich so as ik wol will.

Do köhm de butt answemmen un såd: Na, wat will se denn? – Ach, såd de mann, ik hebb dy doch fungen hatt, nu såd myn fru, ik hadd my doch wat wünschen schullt. Se mag nich meer in'n pißputt wanen, se wull geern 'ne hütt. – Ga man hen, såd de butt, se hett se all. Do güng de mann hen, un syne fru seet nich meer in'n pißputt, dar stünn awerst ene lüttje hütt, un syne fru seet vör de döhr up ene bånk, do nöhm syne fru em by de hand, un såd to em: kumm man herin, süh! nu is dat doch veel beter! – Do güngen se henin, un in de hütt was een lüttjen vörplatz un ene lüttje herrliche stuw un kamer, wo jem eer bedd stünn, un kååk un spysekamer, allens up dat beste, mit gerådschoppen un up dat schönnste upgefleyt, tinntüüg un mischen, wat sik darin höört – un achter was ook een lüttjen hof mit hönern un aanten, un een lüttjen goorn mit grönigkeiten un aaft. – Süh! såd de fru, is dat nich nett? Ja, såd de mann, so schall't blywen, nu wåhl wy recht vergnöögt lewen! – Dat wåhl wy uns bedenken! såd de fru. Mit des eeten se wat, un güngen to bedd. So güng dat wol'n acht oder veertein dag, do såd de fru: Hör, mann, de hütt is ook goor to eng, un de hof un goorn is so kleen: de butt hadd uns ook wol een grötter huus schenken kunnt, ik much woll in enem grooten stenern slott wanen; ga hen tom butt, he schall uns een slott schenken. – Ach fru, säd de mann, de hütt is jo god noog, wat wähl wy in'n slott wanen! – J wat! säd de fru, ga du man hen, de butt kann dat jümmer doon. – Ne fru, säd de mann, de butt hett uns eerst de hütt gewen, ik mag nu nich all wedder kamen, den butt much det vördreten. – Ga doch, säd de fru, he kann dat recht good, un dait dat geern, ga du man hen! – Dem mann wöör syn hart so swoor, un wull nich, he säd by sik sülwen, dat is nich recht, he güng awerst doch hen. As he an de see köhm, wöör dat water ganß vigelett un dunkelblau un grau un dick, un goor nich meer so gröön un geel, doch wöör't noch still, do güng he staan un säd:

Manntje! Manntje! Timpe Te!
Buttje! Buttje in der see!
Myne fru de Jlsebill
Will nich so as ik wol will.

Na wat will se denn? såd de butt. – Ach, såd de mann half bedrööft, se will in'n groot stenern slott wanen. – Ga man hen, se stait vör de döhr, såd de butt. Do güng de mann hen un dachd he wull na huus gaan, as he awerst daar köhm, so stünn door 'n groten stenern pallast, un syn fru stünn ewen up de trepp un wull henin gaan, do nöhm se em by de hand un såd: kumm man herin! Mit des güng he mit ehr henin, un in dem slott wöör ene grote dehl mit marmelstenern asters, un dar wören so veel bedeenters, de reten de groten dören up, un de wende wören all blank un mit schöne tapeten, un in de zimmers luter goll'ne stöhl un dischen, un kristallen kroonlüchters hüngen an dem båhn, un so wöör dat in all de stuwen un kamers, mit footdeken, un dat åten un de allerbeste wyn stünn up den dischen, as wenn se breken wullen, un achter dem huse wöör ook 'n grooten hof mit peerd- un kohstell, un kutschwagens up dat allerbeste, ook was door een grooten herrlich-

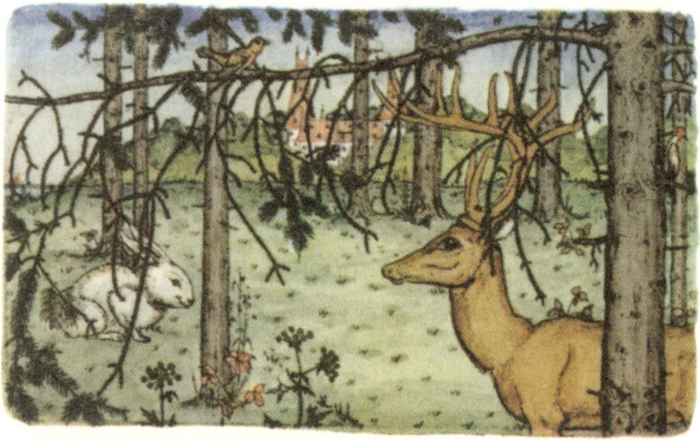

en goorn mit de schönnsten blomen un fyne aaftbömer, un een lustholt wol 'ne halwe myl lang, door wören hirschen un reh un hasen drin, un allens wat man sik jümmer wünschen mag. – Na, såd de fru, is dat nu nich schöön? Ach ja, såd de mann, so schall't ook blywen, nu wåhl wy ook in dat schöne slott wanen, un wåhl'n tofreden syn. – Dat wåhl wy uns bedenken, såd de fru, un wåhln't beslapen. Mit des güngen se to bedd. Den annern morgen waakd de fru to eerst up, dat was jüst dag un seeg uut jem ehr bedd dat herrliche land vör ſik liggen – de mann reckd ſik noch, do ſtödd ſe em mit dem ellbagen in de ſyd un ſåd: mann, ſta up, un kyk mal uut dem fenſter – ſüh! kunnen wy nich könig warden åwer all düt land? Ga hen tom butt, wy wåhlt könig ſyn! – Ach fru, ſåd de mann, wat wåhl wy könig ſyn? ik mag nich könig ſyn. Na, ſåd de fru, wult du nich könig ſyn, ſo will ik könig ſyn; ga hen tom butt, ik will könig ſyn. – Ach fru, ſåd de mann, wat wullſt du könig ſyn? dat mag ik em nich ſeggen. – Worüm nich? ſåd de fru, ga ſtracks hen, ik mutt könig ſyn. Do güng de mann hen, un wöör ganß bedrööft dat ſyne fru könig warden wull; dat is nich recht, un is nich recht, dachd de mann. He wull nich hen gaan, güng awerſt doch hen.

Un as he an de ſee köhm, do wöör de ſee ganß ſwartgrau un ſwart un dick, un dat water geerd ſo von ünnen up un ſtünk ook ganß fuul. Do güng he ſtaan un ſåd:

Manntje! Manntje! Timpe Te!
Buttje! Buttje in der ſee!
Myne fru de Ilſebill

Will nich so as ik wol will

Na, wat will se denn? säd de butt. – Ach, säd de mann, se will könig warden. – Ga man hen, se is't all, säd de butt. Do güng de mann hen, un as he na dem palast köhm so wöör dat slott veel grötter worren, mit enem grooten toorn un herrlyken zyraat doran, un de schildwacht stünn vör de döhr, un dar wören so väle soldaten un pauken un trumpeten, un as he in dat huus köhm, so wöör allens von purem marmelsteen mit gold, un sammtne deken un groote goll'ne quasten; do güngen de döhren von dem saal up, door de ganße hofstaat wöör, un syne fru seet up enem hogen troon von gold un demant, un hadd ene groote goll'ne kroon up, un den zepter in der hand von purem gold un edelsteen, un up beyden syden by ehr stünnen ses jumfern in ene reeg, jümmer ene enen kopps lüttjer as de annere. Do güng he staan un säd: Ach fru, büst du nu könig? – Ja, säd de fru, nu bin ik könig. – Do stünn he, un seeg se an, un as he se do een flach so ansehn hadd, såd he: Ach fru! wat lett dat scho̊o̊n, wenn du ko̊nig bůst! nu wåhl wy ook niks meer wůnschen. – Ne mann, såd de fru, un wo̊o̊r ganß unruhig, my waart de tyd un wyl al lang, ik kann dat nich meer uuthollen, ga hen tom butt, ko̊nig bůn ik, nu mutt ik ook kaiser warden! – Ach, fru! såd de mann, wat wullst du kaiser warden? – Mann, såd se, ga tom butt, ik will kaiser syn. – Ach fru, såd de mann, kaiser kann he nich maken, ik mag dem butt dat nich seggen; kaiser is man eenmaal im reich, kaiser kann de butt jo nich maken, dat kann un kann he nich. – Wat? såd de fru, ik bůn ko̊nig, un du bůst man myn mann, wullt du glyk hengaan? glyk ga hen, kann he ko̊nig maken, kann he ook kaiser maken, ik will un will kaiser syn, glyk ga hen! – do mussd he hengaan. Do de mann awer hengůng, wo̊o̊r em ganß bang, un as he so gůng, dachd he by sik, důt gait un gait nich good, kaiser is to uutwo̊rschaamt, de butt wart am end mo̊d. Mit des ko̊hm he an de see, do wo̊o̊r de see noch ganß swart un dick, un fůng al so von ůnnen up to geeren, dat et so blasen smeet, un et gůng so een keekwind åwer hen, dat et sik so ko̊hrd – un den mann wurr gro'en, do gůng he staan un såd:

❦ Manntje! Manntje Timpe Te!
Buttje! Buttje in der see!
Myne fru de Ilsebill
Will nich so as ik wol will.

Na wat will se denn? såd de butt. – Ach butt, såd he, myn fru will kaiser warden. – Ga man hen, såd de butt, se is't all. ❦ Do gůng de mann hen, un as he door ko̊hm, so wo̊o̊r dat ganße slott von poleertem marmelsteen mit alabasternen figuren un goll'nen zyraten, vo̊r de do̊hr marscheerden de soldaten, un se blo̊sen trumpeten un slo̊gen pauken un trummeln; awerst in dem huse da gůngen de baronen un grawen un herzogen man so as bedeenters herům, do maakden se em de do̊ren up, de von luter gold wo̊ren – un as he herinko̊hm, door seet syne fru up enem troon, de wo̊o̊r von een stůck gold un wo̊o̊r wol twe myl

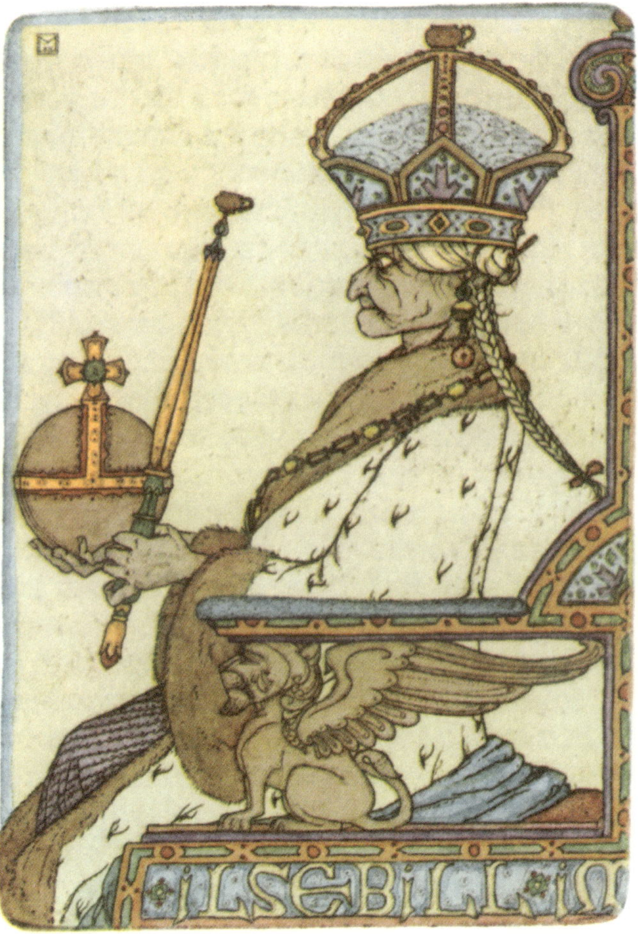
ILSEBILL

hoog, un hadd ene grote goll'ne kroon up, de wöör dre elen hoog un mit briljanten un karfunkelſteen beſett't, in de ene hand hadde ſe den zepter, un in de annere hand den reichsappel, un up beyden ſyden by eer door ſtünnen de trabanten ſo in twe regen, jümmer een lüttjer as de annere, von dem allergröttſten ryſen, de wöör twe myl hoog, bet to dem allerlüttjſten dwaark, de wöör man ſo groot, as myn lüttje finger; un vör ehr ſtünnen ſo vele fürſten un herzogen etc. etc., door güng de mann tüſchen ſtaan, un ſäd: Fru! büſt du nu kaiſer? – Ja, ſäd ſe, ik bün kaiſer. Do güng he ſtaan, un beſeeg ſe ſik ſo recht, un as he ſe ſo'n flach anſehn hadd, ſo ſäd he: Ach fru! wat lett dat ſchöön, wenn du kaiſer büſt! – Mann, ſäd ſe, wat ſtaiſt du door? ik bün nu kaiſer, nu will ik awerſt ook paabſt warden, ga hen tom butt. – Ach fru! ſäd de mann, wat wulſt du man nich? paabſt kannſt du nich warden, paabſt is man eenmaal in der kriſtenhait, dat kann he doch nich maken. – Mann, ſäd ſe, ik will paabſt warden, ga glyk hen, ik mutt hůůt noch paabſt warden. – Ne fru, ſåd de mann, dat mag ik em nich ſeggen, dat gait nich good, dat is to groff, tom paabſt kann de butt nich maken. – Mann, wat ſnack! ſåd de fru, kann he kaiſer maken, kann he ook paabſt maken, ga foorts hen, ik bůn kaiſer, un du bůſt man myn mann, wullt du wol hengaan? – Do wurr he bang un gůng hen, em woͦoͦr awerſt ganß flau, un zittert un beewd, un de waden ſlakkerden em, un dar ſtreek ſo'n wind åwer dat land, un de wolken floͦgen, as dat důſter wurr gegen awend, de blåder

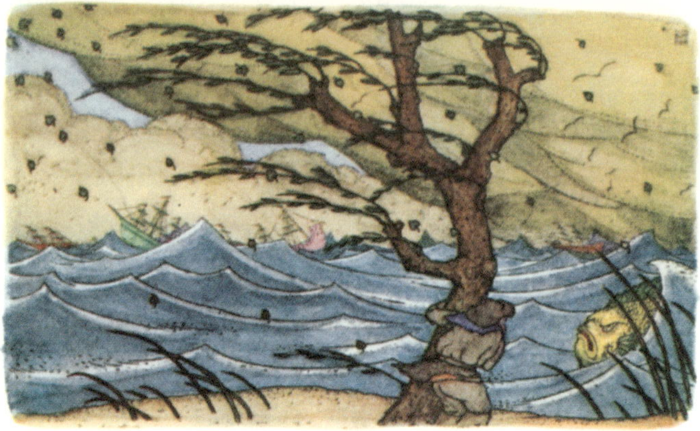

waiden von den bömern, un dat water güng un bruusd as kaakd dat, un platschd an dat åwer, un von feern seeg he de schepen, de schöten in der noot, un danßden un sprüngen up den bülgen; doch wöör de himmel noch so'n bitten blau in de midd', awerst an den syden door toog dat so recht rood up, as een swohr gewitter. Do güng he recht vörzufft staan in de angst un såd: ❦ Manntje! Manntje! Timpe Te!

Buttje! Buttje in der see!

Myne fru de Ilsebill

Will nich so as ik wol will.

Na wat will se denn? såd de butt. Ach, såd de mann, se will paabst warden. Ga man hen, se is't all, såd de butt. ❦ Do güng he hen, un as he door köhm, so wöör dar as een grote kirch mit luter pallastens ümgewen, door drångd' he sik dorch dat volk, inwendig was awerst allens mit dausend un dausend lichtern erleuchtet, un syne fru wöör in luter gold gekledet, un seet noch up enem veel högeren troon, un hadde dre grote gollne kronen up, un üm ehr dar wöör so

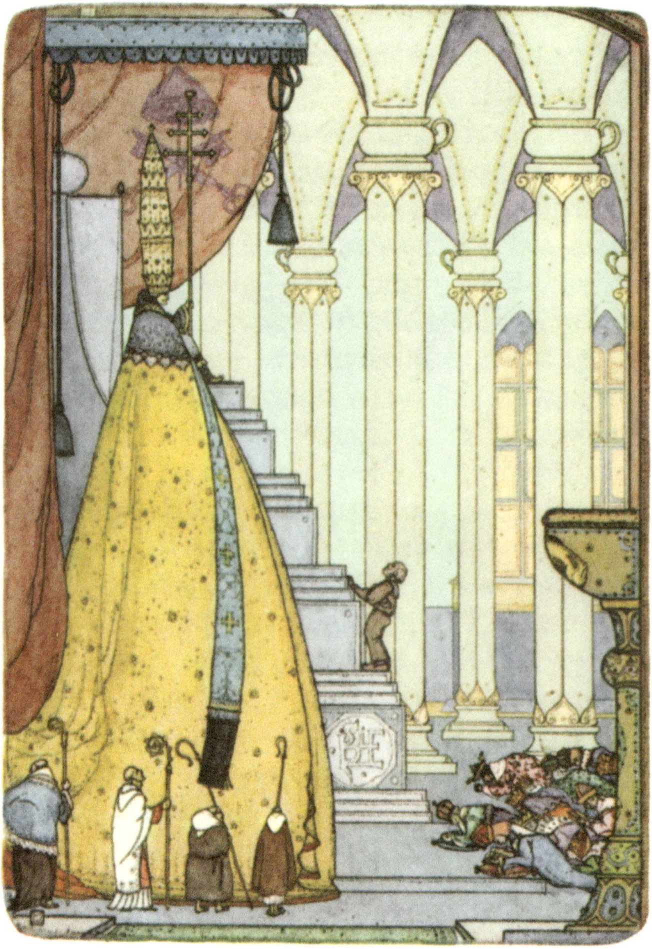

veel von geistlykem staat, un up beyden syden by ehr door stünnen twe regen lichter, dat gröttste so dick un groot as de allergröttste toorn, bet to dem allerkleensten käkenlicht, un alle de kaisers un de königen de legen vör ehr up de knee, un küßden ehr den tüffel. – Fru, säd de mann, un seeg se so recht an, büst du nu paabst? – Ja, säd se, ik bün paabst. – Do güng he staan un seeg se recht an, un dat wöör as wenn he in de helle sunn seeg; as he se do een flach ansehn hadd, so segt he: Ach fru! wat lett dat schöön, wenn du paabst büst! – Se seet awerst ganß styf as een boom, un rüppeld un röhrd sik nich, do säd he: Fru, nu sy tofreden, nu du paabst büst, nu kannst du doch niks meer warden. – Dat will ik my bedenken, säd de fru; mit des güngen se beyde to bedd, awerst se wöör nich tofreden, un de girighait leet se nich slapen, se dacht jümmer, wat se noch warden wull. De mann sleep recht good un fast, he hadd den dag veel loopen, de fru awerst kunn goor nich inslapen, un smeet sik von een syd to der annern de ganße nacht, un dachd man jůmmer, wat ſe noch wol warden kunn, un kunn ſik doch up niks meer beſinnen. – Mit des wull de ſůnn upgaan, un as ſe dat morgenrood ſeeg, richt'd ſe ſik åwer end im bedd, un ſeeg door henin, un as ſe uut dem fenſter de ſůnn ſo herup kamen ſeeg – ha! dachd ſe, kunn ik nich ook de ſůnn un de maan up= gaan laten? – Mann, ſåd ſe, un ſtődd em mit dem ellbagen in de ribben, waak up, ga hen tom butt, ik will warden as de lewe gott! – De mann was noch meiſt in'n ſlaap, awerſt he vőrſchrock ſik ſo, dat he uut dem bedd fůll. He meend, he hadd ſik vőrhőőrd, un reef ſik de ogen uut, un ſåd: Ach fru! wat ſåd'ſt du? – Mann, ſåd ſe, wenn ik nich de ſůnn un de maan kann upgaan la= ten, un mutt dat ſo anſehn, dat de ſůnn un de maan upgaan, ik kann dat nich uuthol= len, un hebb kene geruhige ſtůnd meer, dat ik ſe nich ſůlwſt kann upgaan laten – do ſeeg ſe em ſo recht gråſig an, dat em ſo'n ſchudder åwerleep – glyk ga hen, ik will warden as de lewe gott. – Ach fru! ſåd de

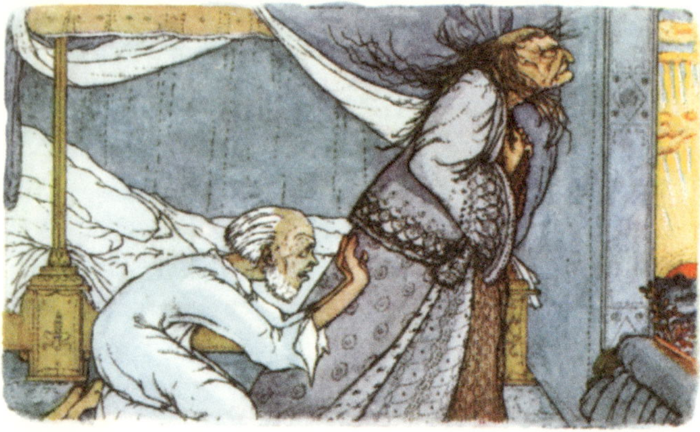

mann, un füll vör eer up de knee, dat kann de butt nich. – Kaiser un paabst kann he maken, ik bidd dy, sla in dy un blyf paabst! – Do köhm se in de booshait, de hoor flögen ehr so wild üm den kopp, do reet se sik dat lyfken up, un geef em eens mit dem foot un schreed: ik holl dat nich uut, un holl dat nich långer uut, wult du hengaan? – Do slööpd he sik de büxen an un leep weg as unsinnig. Buten awer güng de storm, un bruusde, dat he kuum up den föten staan kunn, de hüser un de bömer waiden üm, un de baarge beewden, un de felsenstücken

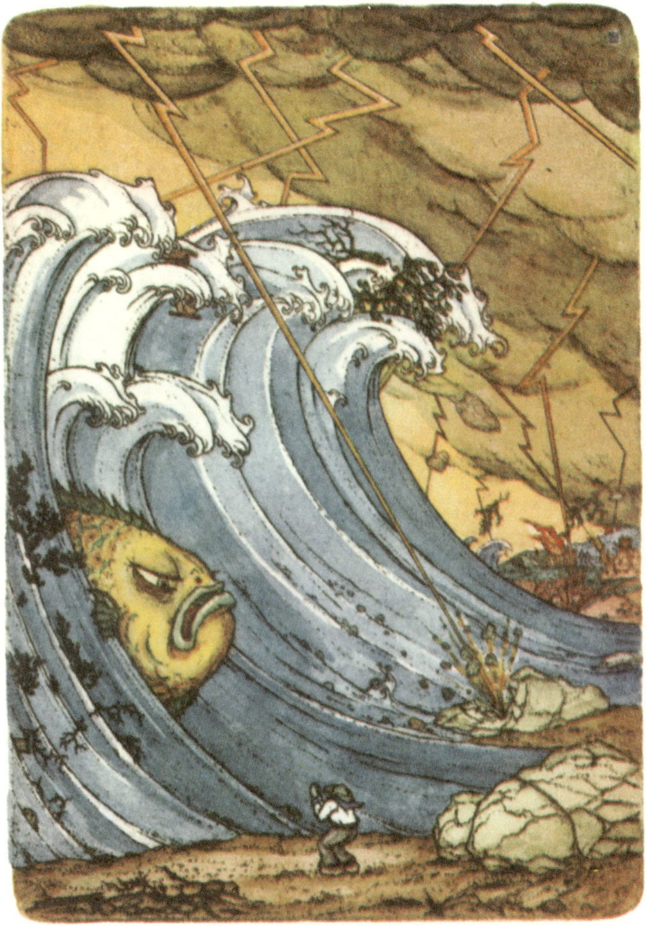

rullden in de see, un de himmel wöör ganß pickswart, un dat dunnerd un blitzd, un de see güng in so hoge swarte bülgen as kirchentöörn un as baarge, un de hadden bawen all eene witte kroon von schuum up – do schre he, un kunn syn egen woord nich hören:

Manntje! Manntje! Timpe Te!
Buttje! Buttje in der see!
Myne fru de Ilsebill
Will nich so as ik wol will.

Na, wat will se denn? säd de butt. – Ach! säd he – – se will warden as de lewe gott. – Ga man hen, se sitt all wedder in'n pißputt. Door sitten se noch bet up hüüt un düssen dag.

Hier endet das märchen von dem fiſcher un ſyner fru. Der text wurde geſetzt von Marcus Behmer.

NACHWORT

zum Märchen nach Philipp Otto Runge
mit sieben Bildern von Marcus Behmer

»Liebster Olbricht«, beginnt der ausführliche Brief, den Marcus Behmer am 14. Oktober 1913 an den Weimarer Graphiker Alexander Olbricht schrieb, »ich schicke Ihnen also heute eine kleine Collection Arbeiten. Ich kann Ihnen nur sagen, daß ich mir wirklich in die Hosen scheiße vor Angst, wie Sie die Sachen finden werden: ich selber habe keine Ahnung, ob es Mist ist oder nicht.« Was Behmer dem Freund und Künstlerkollegen so vorsichtig und voller Zweifel an der eigenen Leistung ankündigt, sind sieben Radierungen zu dem Märchen »Von dem Fischer un syner Fru«, das der Hamburger Maler Philipp Otto Runge nach der Volksüberlieferung aufgeschrieben hatte und das von den Brüdern Grimm später in deren Märchensammlung übernommen wurde. Behmer will es »drucken, d. h. selbst setzen, Papier, Einband, Schrift etc. – alles selbst machen resp. auswählen«. Die Drucke der Radierungen empfindet er zu diesem Zeitpunkt noch als »sehr schlecht, ganz unscharf zum Beispiel die Kaiser und Könige vor dem Papst; aber man kann es ja besser drucken«. Im selben Brief folgt dann Behmers Beschreibung der Szenen:

»1. Gegenüber der ersten Textseite: der Butt bittet den Fischer, ihn frei zu lassen.

2. Das Lustholz, das zu dem großen Steinernen Haus gehört, dem 2. Wunsch.

3. Ilsebill als Kaiser, wo sie zum Mann sagt, er soll gehen, sie will Papst werden.
4. Der Fischer im Sturm bittet, daß seine Frau Papst wird.
5. Ilsebill als Papst und der Mann, der sie erstaunt ansieht.
6. Ilsebill sieht die Sonne aufgehen und will der liebe Gott werden.
7. Das schreckliche Gewitter, Erdbeben etc. Und der Butt sagt, sie sitzt schon wieder im Pissputt. –«

Die Vorarbeit für das gesamte Buch war bereits im Sommer 1914 abgeschlossen. Behmer hatte tatsächlich alles selbst gemacht und es dann in der Berliner Druckerei Otto von Holten drucken lassen. Im August 1914 bot er das kleine Werk Anton Kippenberg zur Übernahme in die Insel-Bücherei an. Doch Kippenberg mußte – es war Kriegszeit – den Künstler auf »günstigere Zeiten« vertrösten, und auch nach dem Krieg bedurfte es noch mehrerer Angebote Behmers, ehe der Band endlich, 1920, als Nummer 315 der Insel-Bücherei erscheinen konnte. Der Satz wurde offenbar fotomechanisch vom Originaldruck aus dem Jahre 1914 mit nur geringer Verkleinerung übernommen. Die sieben Radierungen wurden als Strichätzungen ohne Druckfonds im Schwarzdruck in die Seiten eingefügt. Die kräftige Schrifttype der Renata-Schwabacher ist durchgehend verwendet worden, auch für den Druckvermerk und die neugestaltete Titelseite. Das ebenfalls von Behmer entworfene Bezugspapier weist eine streng geordnete Kombination von Fischen und angedeuteten Wellen auf, die in kräftigem Grün auf hellem Grund gedruckt sind. In der 1954 vom Insel Verlag Frankfurt am Main besorgten Neuausgabe des Bandes, an der Behmer selbst noch mitgewirkt hat, wurde vom Künstler lediglich dieses Bezugspapier verändert: dem Bezug liegt nun ein Kleisterpapier mit einzeln und in Gruppen schwimmenden Fischen zugrunde, das meergrün mit schwarzer Zeichnung reproduziert wurde.

So entstand in bewußter Wahl von Papier, Schrift, Satz, Format und Illustration eine Ausgabe, die sicher zu Recht von Buchliebhabern und Fachleuten als »eines der vollkommensten Buchkunstwerke des zwanzigsten Jahrhunderts« (H. A. Halbey) geschätzt wird. Behmer hatte es durch ständiges, ausschließlich autodidaktisches Studium der Buch- und Schriftkunst, durch eigene Schriftentwürfe, vor allem wohl aber durch sein besonders enges Verhältnis zur Literatur zu großem Wissen über Möglichkeiten und Gesetzmäßigkeiten buchkünstlerischen Gestaltens gebracht. Seine außergewöhnlich vielseitige Bildung und sein ausgeprägtes Gefühl für das Stimmige waren auch die Voraussetzung für überzeugende buchkünstlerische Lösungen, so, wenn er zum Beispiel im »Fischer« die lange vernachlässigte Schwabacher als Textschrift wählt, für die Satzzeichen eigens dafür geschnittene Typen benutzt und das Zeichen des Butts im gesamten Text als gliederndes Element verwendet. Seine Grundauffassung vom Illustrieren einer literarischen Vorlage hatte Marcus Behmer in einem Brief vom 10. März 1929 an den Berliner Bibliophilen Gotthard Laske in einer Fülle scheinbarer Improvisationen mitgeteilt. Die prinzipiellen Erwägungen und Selbstbekenntnisse, von ihm selbst in bescheidener Ironie als »Stichworte« deklariert, gipfeln in drei unabdingbaren Forderungen für dieses Kunstgebiet:

1. Völlige äußere Harmonie von Papier, Schrift, Satz, Anordnung, Format, Druck und Bild,

2. Verdeutlichung der Idee des Buches (Behmer: seines »Jeistes«) in viererlei Richtung, durch Ergänzen, Ausmalen, Erweitern des Textes oder einfache und naturgetreue Wiedergabe der Gegenstände, also durch Darstellung zu praktischem Zweck, durch Ironisierung oder aber durch Ausschmückung des Textes,

3. Kongenialität von Textautor und Illustrator.

Diese strenge Auffassung Behmers von seiner Kunst erklärt die geistige und gefühlsmäßige Intensität, mit der er sich jeder seiner Aufgaben widmete, und die Anstrengungen, denen er sich bei deren Verwirklichung unterzog. Gerade für die Folge der »Ilsebill«-Radierungen läßt sich anhand des im Klingspor-Museum in Offenbach am Main gesammelten Materials – Zeichnungen und Probedrucke – die Arbeitsweise Behmers gut nachvollziehen. Zunächst hielt er in einer flüchtigen Skizze seine Bildidee fest. Danach folgte die genaue Ausfeilung der Einzelheiten in Studienblättern. Auf der Grundlage von Ideenskizzen und Studienblättern entstand dann der eigentliche Entwurf, den Behmer oft sofort auf Transparentpapier auftrug, um weitere Veränderungen beim Durchzeichnen vornehmen zu können. Schon dieser Entwurf wurde im endgültigen Bildformat ausgeführt und durch Auflegen eines weiteren Bogens Transparentpapier in die Reinzeichnung überführt, die ihrerseits dann seitenverkehrt über Pauspapier auf die Druckplatte übertragen wurde. Meist mehrere Probedrucke, in der Regel auf unterschiedlichen und verschiedenfarbigen Papieren, waren notwendig, ehe der Künstler einen in Farbe, Druckqualität und Papier stimmigen Druck als den endgültigen akzeptierte. Die »Ilsebill«-Radierungen liegen in einem einzigen Exemplar auch von Behmer selbst koloriert vor: der Karl Klingspor gewidmete Band wird heute im Klingspor-Museum aufbewahrt und liegt unserem Reprint zugrunde.

Die Illustrationen Behmers sind bei aller Zierlichkeit voller Dramatik: durch die zum Teil an die Holzschnitte Hokusais erinnernde Bildauffassung, durch die märchenhafte Übersteigerung und verfremdende Überhöhung von Gegenständen und Personen und die Fülle bedeutsamer Details. Nichts in ihnen, das belegt auch der bereits erwähnte, an Gotthard Laske gerichtete Brief, ist zufällig; jede Einzelheit ist durchdacht und von Behmers Auffassung des Textes abhängig: »Mit dem Bild der ›Ilsebill‹ als Kaiserin und mit dem wiederkehrenden ›Pissputt‹ in den Bildern zum *Fischer u. s. Fru* habe ich mich nicht ›lustig gemacht‹ über den Text. Sondern ich habe, ganz in der geistigen Richtung des Textes! – diesen in dem Anfangssatz des Märchens erwähnten, – und dadurch schon betonten, – Gegenstand als ›Symbol‹ für die niedere Herkunft der Ilsebill diskret und als Begleitmotiv anklingend wiederholt und damit angedeutet, daß die Ilsebill eben niemals ihre Herkunft abstreiten und verleugnen kann . . .«

So wird an vielen Einzelheiten deutlich, daß Behmer seine Ausdrucksmittel ganz von einem tiefen Verständnis für die Eigenart des Textes herleitet und die in zarten Linien gedruckten Illustrationen bewußt der kräftigen Schrift entgegensetzt, so den Kontrast zwischen der kraftvollen plattdeutschen Sprache des Textes und seinem märchenhaften Inhalt auch im Bildkünstlerischen verdeutlichend.
Das kleine Buch »Von dem Fischer un syner Fru« gehört zu jenen Veröffentlichungen des Insel Verlages, die dessen bibliophiles Anliegen auf das beste belegen, und ist zugleich ein schönes Zeugnis einer langen Zusammenarbeit zwischen dem Künstler Marcus Behmer und dem Verleger Anton Kippenberg. Begonnen hatte Behmers Arbeit für den Insel Verlag schon lange vor Kippenbergs Zeit, als Behmer zu den ersten drei Jahrgängen der Zeitschrift »Die Insel« 66 Zeichnungen beisteuerte. Seinen ersten großen Erfolg brachte ihm die 1903 erschienene, stilistisch noch ganz im Banne des Engländers Aubrey Beardsley stehende Ausgabe von Oscar Wildes »Salome«. Dieser folgten rasch – um nur die wichtigsten Arbeiten für den Insel Verlag zu nennen – Balzacs »Mädchen mit den Goldaugen« (1904), die »Rubaijat des Omar Chajjâm« (1907), Ernst Hardts »Tantris der Narr« (1907), die große typographische Leistung der Ausgabe von Goethes »West-östlichem Divan« (1910), die verschiedenen Ausgaben von »Tausendundeiner Nacht« (ab 1907), ebenfalls in der Insel-Bücherei Grimmelshausens »Beernhäuter« (1921) und zuletzt das in Idee und Ausführung zauberhafte »Flohbuch« (die

Sammlung »Vom morgenländischen Floh« von Enno Littman, 1925).

Als Kippenberg 1932 endgültig, enttäuscht durch nicht eingehaltene Zusagen Behmers und verärgert über dessen inzwischen gewaltig angewachsenes Schuldenkonto beim Verlag, alle Beziehungen zu dem Künstler – auch den Briefwechsel – abbrach, endete eine intensive und fruchtbare Zusammenarbeit. Die von Marcus Behmer gestalteten Ausgaben dürfen – wie der Insel-Band »Von dem Fischer un syner Fru« – noch heute den Ruhm bis ins letzte ausgefeilter und ausgereifter buchkünstlerischer Leistungen für sich in Anspruch nehmen.

Beate Jahn

Von dem Fischer
und seiner Frau
Ein Märchen
nach Philipp Otto Runge
Nacherzählt
und mit einem Nachwort
von Uwe Johnson

Es waren einmal ein Fischer und seine Frau, die lebten zusammen in einem Eimer, dicht an der See, und der Fischer ging alle Tage dorthin und angelte – und er angelte und angelte.
So saß er wieder einmal bei seiner Angel und sah beständig in das klare Wasser hinein – und er saß und saß.
Da ging die Angel auf den Grund, tief nach unten, und als er sie heraufholte, zog er einen großen Plattfisch heraus. Da sagte der Plattfisch zu ihm: Hör mal, Fischer. Ich bitte dich, laß mich leben. Ich bin kein richtiger Plattfisch, ich bin ein verwünschter Prinz. Was hilft es dir, wenn du mich totmachst? Ich würde dir doch nicht recht schmecken. Setz mich wieder in das Wasser, und laß mich schwimmen.
Na, sagte der Fischer, du brauchst nicht so viele Worte zu machen – einen Plattfisch, der sprechen kann, hätte ich doch gewiß schwimmen lassen. Damit setzte er ihn in das klare Wasser zurück, da ging der Plattfisch zu Grund und zog einen langen Streifen Blut hinter sich her. Dann stand der Fischer auf und ging zu seiner Frau in den Eimer.

Mann, sagte die Frau, hast du heute nichts gefangen?
Nein, sagte der Mann. Ich habe einen Plattfisch gefangen, der sagte, er wäre ein verwünschter Prinz. Da habe ich ihn wieder schwimmen lassen.
Hast du dir denn nichts gewünscht? fragte die Frau. Nein, sagte der Mann. Was sollte ich mir wünschen? Ach! sagte die Frau. Das ist doch schlimm, hier in einem fort in einem Eimer zu wohnen, es stinkt und ist so eklig. Du hättest uns doch eine kleine Hütte wünschen können. Geh rasch hin und ruf ihn. Sag ihm, wir wollten eine kleine Hütte haben. Er tut das gewiß.
Ach, sagte der Mann, wozu sollte ich da noch hingehen?
Mensch, sagte die Frau, du hast ihn doch gefangen, und hast ihn wieder schwimmen lassen. Er tut das gewiß, geh gleich hin!
Der Mann wollte erst nicht recht, mochte aber auch nicht seiner Frau entgegen sein und ging an die See.
Als er da ankam, war das Meer ganz grün und gelb, und gar nicht mehr so klar. Er stellte sich hin und sagte:

Großer Plattfisch dort im Meer!
Bitte, schwimme zu mir her!
Meine Frau, die Ilsebill,
Will nicht so, wie ich es will.

Da kam der Plattfisch angeschwommen und fragte: Na, was will sie denn?

Ach, sagte der Mann, ich hatte dich doch gefangen. Nun sagt meine Frau, ich hätte mir etwas wünschen sollen. Sie mag nicht mehr in dem Eimer wohnen, sie hätte gern eine Hütte.

Geh nur nach Hause, sagte der Plattfisch, sie hat sie schon.

Da ging der Mann nach Hause, und seine Frau saß nicht mehr in dem Eimer. Aber da stand eine kleine Hütte, und seine Frau saß auf einer Bank vor der Tür. Dann nahm seine Frau ihn bei der Hand und sagte: Komm bloß erst herein. Siehst du! nun ist es doch viel schöner. Da gingen sie hinein, und in der Hütte war ein kleiner Vorplatz und eine kleine prachtvolle Stube mit einer Kammer, wo ihrer beider Bett stand, und eine kleine Küche mit Speisekammer, alles auf das beste bestellt, die Gerätschaften auf das prächtigste aufgeputzt, Zinnzeug und Messing, alles was dazugehört. Und hinten war

noch ein kleiner Hof mit Hühnern und Enten, dazu ein kleiner Garten mit Gemüse und Obstbäumen. Siehst du, sagte die Frau, ist das nicht hübsch?
Ja, sagte der Mann, so soll es bleiben. Nun wollen wir recht zufrieden leben!
Das wollen wir uns überlegen, sagte die Frau.
Dann aßen sie und gingen zu Bett.
So ging das an die acht oder vierzehn Tage, dann sagte die Frau: Mann, hör. Die Hütte ist ganz und gar zu eng, und Hof und Garten sind so klein. Der Plattfisch hätte uns gut und gern ein größeres Haus schenken können. Ich wollte, ich lebte in einem großen Schloß aus Stein. Geh hin zum Plattfisch, er soll uns ein Schloß schenken.
Ach Frau, sagte der Mann, die Hütte ist doch gut genug, wozu sollen wir in einem Schloß wohnen!
Unsinn! sagte die Frau. Geh du nur hin, der Plattfisch kann das leicht machen.
Nein, Frau, sagte der Mann. Der Plattfisch hat uns schon die Hütte gegeben, nun mag ich nicht schon wieder ankommen. Es könnte den Plattfisch verdrießen.

Nun geh doch, sagte die Frau, er kann das ganz gut, und tut es gern, geh du nur hin!
Dem Mann war das Herz ganz schwer, und er wollte nicht. Er sagte bei sich selbst: es ist nicht recht. Er ging aber doch hin.
Als er an die See kam, war das ganze Wasser violett und dunkelblau und grau und schlammig, gar nicht mehr so grün und gelb, aber es lag noch still. Er stellte sich hin und sagte:

Großer Plattfisch dort im Meer!
Bitte, schwimme zu mir her!
Meine Frau, die Ilsebill,
Will nicht so, wie ich es will.

Na, was will sie denn? fragte der Plattfisch.
Ach, sagte der Mann ziemlich betrübt, sie will in einem großen Schloß aus Stein wohnen.
Geh nur hin, sagte der Plattfisch, sie steht vor der Tür.
Da ging der Mann zurück und meinte, er käme nach Hause. Als er aber anlangte, stand da ein großer steinerner Palast, und seine Frau stand gerade auf der Treppe und wollte hineingehen. Sie nahm ihn bei der Hand und sagte: Komm nur herein! So trat er mit ihr ein, und in dem Schloß war eine große Halle mit

Marmorfliesen, und eine Menge Bediente, die rissen die hohen Türen auf, und die Wände glänzten und waren mit prächtigen Tapeten behangen, und in den Räumen standen lauter goldene Stühle und Tische, und kristallene Kronleuchter hingen an der Decke, und so war es in all den Stuben und Kammern, mit Teppichen auf dem Boden, und auf den Tischen stand Essen und der allerbeste Wein, als sollten sie gleich zusammenbrechen. Und hinter dem Haus war noch ein großer Hof mit Pferde- und Kuhställen und den prächtigsten Kutschen. Dazu gab es da einen großen wunderbaren Garten mit den schönsten Blumen und erlesenen Obstbäumen, und einen Park von wenigstens einer halben Meile Länge, darin waren Hirsche und Rehe und Hasen und alles, was der Mensch sich nur wünschen kann. Na, sagte die Frau, ist das nun nicht schön?

Ach ja, sagte der Mann, und so soll es auch bleiben. In diesem schönen Schloß wollen wir denn wohnen, damit wollen wir zufrieden sein.

Das wollen wir uns überlegen, sagte die Frau,

das wollen wir uns beschlafen. Damit gingen sie zu Bett.
Am anderen Morgen wachte die Frau als erste auf. Es war eben Tag, und von ihrem Bett sah sie das schöne Land vor sich liegen. Der Mann reckte sich noch, als sie ihm mit dem Ellbogen in die Rippen stieß und sagte: Mann, steh auf und sieh mal aus dem Fenster. Hör mal, können wir nicht König werden über all dies Land? Geh zum Plattfisch, wir wollen König sein!
Ach Frau, sagte der Mann, wozu wollten wir König sein? Ich mag nicht König sein.
Gut, sagte die Frau. Willst du nicht König sein, so will ich König sein. Geh zum Plattfisch, ich will König sein.
Ach Frau, sagte der Mann, wozu wolltest du König sein? Das mag ich ihm nicht sagen.
Warum nicht? sagte die Frau. Geh auf der Stelle hin, ich muß König sein. Danach ging der Mann los und war ganz betrübt, daß seine Frau König werden wollte; es ist nicht recht, es ist nicht recht, dachte er. Er wollte nicht hingehen und ging dennoch.
Und als er an die See kam, war sie ganz dun-

kelgrau und schwarz und schlammig, und das Wasser gärte stark aus der Tiefe, dazu roch es ganz verfault. Da stellte er sich hin und sagte:

Großer Plattfisch dort im Meer!
Bitte, schwimme zu mir her!
Meine Frau, die Ilsebill,
Will nicht so, wie ich es will.

Na, was will sie denn? sagte der Plattfisch.
Ach, sagte der Mann, sie will König werden.
Geh nur hin, sagte der Plattfisch, sie ist es schon.
Da ging der Mann zurück, und als er bei dem Palast ankam, war das Schloß viel größer geworden und hatte einen großen Turm mit prachtvollen Verzierungen, und Wachtposten standen vor dem Tor, und da waren Soldaten und Pauken und Trompeten in Mengen. Und als er in das Haus trat, war darin alles aus reinem Marmor und Gold, da hingen Samtdekken und dicke goldene Quasten. Dann öffneten sich die Türen des Saales, darin war der ganze Hofstaat, und seine Frau saß auf einem hohen Thron aus Gold und Diamanten, und sie trug eine große goldene Krone, und in der Hand hatte sie das Zepter aus purem Gold

und Edelsteinen, und zu ihren beiden Seiten standen sechs Jungfrauen aufgereiht, eine immer um einen Kopf kleiner als die andere.
Da trat er vor und fragte: Ach, Frau, bist du jetzt König?
Ja, sagte die Frau, jetzt bin ich König. Da stand er und sah sie an, und als er sie so eine ganze Weile angesehen hatte, sagte er: Ach, Frau! Wie gut steht es dir, König zu sein! Nun wollen wir uns auch nichts mehr wünschen.
Nein, Mann, sagte die Frau, und war ganz unruhig, die Zeit wird mir zu lang, ich kann das nicht mehr aushalten. Geh zum Plattfisch. Ich bin König, nun muß ich auch Kaiser werden!
Ach, Frau! sagte der Mann. Wozu möchtest du Kaiser werden?
Mann, sagte sie, geh zum Plattfisch, ich will Kaiser sein.
Ach Frau, sagte der Mann, Kaiser kann er nicht machen. Ich mag das dem Plattfisch nicht sagen; einen Kaiser gibt es nur einmal im Reich. Kaiser kann der Plattfisch doch nicht machen; das kann und kann er nicht.
Was? sagte die Frau, ich bin König, und du bist bloß mein Mann, willst du wohl gleich hinge-

hen? Geh auf der Stelle los! Kann er einen König machen, kann er auch Kaiser machen. Ich will und will Kaiser sein; geh auf der Stelle hin!

Da mußte er gehen. Aber unterwegs war ihm sehr bange zumute, und er dachte bei sich: dies geht und geht nicht gut aus. Kaiser, das ist zu unverschämt; am Ende wird der Plattfisch es leid.

Damit kam er an die See. Da war sie ganz schwarz und dick und fing schon an, aus der Tiefe zu gären, daß sie Blasen warf, und ein Wirbelwind ging über sie hin, daß das Wasser sich drehte, und den Mann kam ein Grauen an.

Er stellte sich hin und sagte:

Großer Plattfisch dort im Meer!
Bitte, schwimme zu mir her!
Meine Frau, die Ilsebill,
Will nicht so, wie ich es will.

Na, was will sie denn? fragte der Plattfisch.

Ach, Plattfisch, sagte er, meine Frau will Kaiser werden.

Geh nur hin, sagte der Plattfisch, sie ist es schon.

Da ging der Mann zurück, und als er ankam,

war das ganze Schloß aus poliertem Marmor und hatte alabasterne Statuen und goldene Verzierungen. Vor dem Tor marschierten die Soldaten, die bliesen Trompeten und paukten und trommelten; aber drinnen im Hause gingen die Barone und Grafen und Herzöge schlicht als Bedienstete umher, die machten ihm die Türen auf, die waren ganz und gar aus Gold. Und als er hereinkam, saß seine Frau auf einem Thron, der war aus einem einzigen Stück Gold und an die zwei Meilen hoch, und sie trug eine große goldene Krone, die war drei Ellen hoch und besetzt mit Brillanten und Karfunkelsteinen. In der einen Hand hielt sie das Zepter und in der anderen den Reichsapfel, und zu ihren beiden Seiten standen die Trabanten in zwei Reihen, einer immer kleiner als der andere, vom allergrößten Riesen, der zwei Meilen lang war, bis zu dem allerwinzigsten Zwerg, der war nur so lang wie mein kleiner Finger, und vor ihr standen Fürsten und Herzöge in Mengen, etcetera, etcetera. Der Mann stellte sich zwischen sie und fragte: Frau, bist du jetzt Kaiser?
Ja, sagte sie, ich bin Kaiser.

Er stand da und besah sie sich ausgiebig, und als er sie eine lange Weile angesehen hatte, sagte er: Ach Frau! Wie gut steht es dir, Kaiser zu sein!
Mann, sagte sie, was soll das, daß du da stehst? Ich bin jetzt Kaiser, nun will ich aber auch Papst werden, geh zum Plattfisch.
Ach Frau! sagte der Mann. Was gibt es denn, das du nicht willst? Papst kannst du nicht werden, einen Papst gibt es nur einmal in der Christenheit, zum Papst kann er dich niemals machen.
Mann, sagte sie, ich will Papst werden, geh sofort hin, ich muß heute noch Papst werden.
Nein, Frau, sagte der Mann, das mag ich ihm nicht sagen. Das geht nicht gut aus, das ist ein zu starkes Stück, zum Papst kann der Plattfisch dich nicht machen.
Mann, was für ein Geschwätz! sagte die Frau. Kann er Kaiser machen, kann er auch einen Papst machen. Geh sogleich hin. Ich bin Kaiser, und du bist bloß mein Mann, willst du wohl hingehen?
Da wurde ihm angst, und er ging los. Aber er fühlte sich ganz schwach, und er zitterte und

bebte, und seine Waden schlotterten. Ein mächtiger Wind strich über das Land, und die Wolken flogen, als es gegen Abend dunkel wurde, die Blätter wurden von den Bäumen geweht, und das Wasser toste und brauste wie kochend und stürzte sich an das Ufer. In der Ferne sah er die Schiffe, die schossen Notsignale und tanzten und sprangen auf den Wellen. Zwar war in der Mitte des Himmels noch ein kleiner blauer Fleck, aber an den Seiten zog es so rot herauf wie ein schweres Gewitter. Da stellte er sich recht verzagt auf in seiner Angst und sagte:

Großer Plattfisch dort im Meer!
Bitte, schwimme zu mir her!
Meine Frau, die Ilsebill,
Will nicht so, wie ich es will.

Na, was will sie denn? sagte der Plattfisch.
Ach, sagte der Mann, sie will Papst werden.
Geh nur hin, sagte der Plattfisch, sie ist es schon.

Da ging der Mann zurück, und als er ankam, sah es aus wie eine mächtige Kirche, von nichts als Palästen umgeben. Er drängte sich durch das Volk, aber drinnen war alles mit tausend und

abertausend Kerzen erleuchtet, und seine Frau war in lauteres Gold gekleidet und saß auf einem noch viel höheren Thron und hatte drei große goldene Kronen auf dem Kopf. Und um sie wimmelte es von geistlichen Würdenträgern, und links wie rechts von ihr standen zwei Reihen Kerzen, die größte so dick und groß wie der allerhöchste Turm, bis zur allerkleinsten Küchenkerze, und alle die Kaiser und Könige lagen vor ihr auf den Knien und küßten ihr den Pantoffel.
Frau, sagte der Mann, und sah sie eindringlich an, bist du jetzt Papst?
Ja, sagte sie, ich bin Papst.
Er stand da und sah sie genau an; das war, als sähe er in die helle Sonne. Als er sie lange betrachtet hatte, sagte er: Ach Frau! Wie gut steht es dir, Papst zu sein!
Sie saß aber so steif wie ein Stück Holz, sie rührte und regte sich nicht.
Frau, sagte er, nun sei zufrieden. Nun bist du Papst. Mehr kannst du doch nicht werden.
Das will ich mir überlegen, sagte die Frau. Damit gingen sie zu Bett, aber sie war nicht zufrieden, und die Gier ließ sie nicht schlafen; sie

dachte immer darüber nach, was sie noch werden wollte.
Der Mann schlief gut und tief; er war am Tag viel auf den Beinen gewesen. Aber die Frau konnte überhaupt nicht einschlafen und warf sich die ganze Nacht lang von einer Seite auf die andere und dachte in einem fort darüber nach, was sie denn noch werden könnte, und nichts Größeres wollte ihr einfallen.
Als die Sonne eben aufgehen wollte, und sie das Morgenrot sah, setzte sie sich auf im Bett und starrte hinein, und als sie im Fenster die Sonne heraufkommen sah, dachte sie: Ha! Könnte ich nicht auch die Sonne und den Mond aufgehen lassen?
Mann, sagte sie, und stieß ihn mit dem Ellenbogen in die Rippen, wach auf, geh hin zum Plattfisch. Ich will werden wie der liebe Gott!
Der Mann war noch tief im Schlaf, aber er erschrak so, daß er aus dem Bett fiel. Er meinte, er hätte sich verhört, rieb sich die Augen und sagte: Ach Frau! Was hast du gesagt?
Mann, sagte sie, wenn ich nicht die Sonne und den Mond aufgehen lassen kann, und es ansehen muß, wie die Sonne und der Mond auf-

gehen – ich kann das nicht aushalten. Ich habe keine ruhige Stunde mehr, wenn ich sie nicht selbst aufgehen lassen kann – dabei sah sie ihn so schrecklich an, daß ihn ein Schauer überlief – geh sofort hin, ich will werden wie der liebe Gott.

Ach Frau! sagte der Mann, und fiel vor ihr auf die Knie, das kann der Plattfisch nicht. Er kann den Kaiser und den Papst machen, aber ich bitte dich, geh in dich und bleibe Papst!

Da wurde sie sehr böse, die Haare flogen ihr wild um den Kopf, sie riß sich das Leibchen auf, sie stieß mit dem Fuß nach ihm und schrie: Ich halte das nicht aus, ich halte das nicht länger aus, willst du wohl hingehen?

Da zog er sich die Hosen an und lief weg wie ein Wahnsinniger. Draußen aber tobte und brauste der Sturm, daß er sich kaum auf den Beinen halten konnte. Die Häuser und die Bäume wurden umgeweht, und die Berge bebten, und die Felsbrocken stürzten in die See, und der ganze Himmel wurde pechschwarz, und es donnerte und blitzte, und die See warf schwarze Wellen so hoch wie Kirchtürme und Gebirge, die hatten alle eine weiße Schaumkrone obenauf – da schrie er, und konnte sein eigenes Wort nicht hören:

Großer Plattfisch dort im Meer!
Bitte, schwimme zu mir her!
Meine Frau, die Ilsebill,
Will nicht so, wie ich es will.

Na, was will sie denn? fragte der Plattfisch.
Ach sagte er – – sie will werden wie der liebe Gott.
Geh nur hin, sie ist schon wieder im Eimer.
Darin sitzen sie noch heute, bis auf diesen Tag.

NACHWORT

Solange den Hilflosen unbewußt war, sie selber könnten ihrer Unzufriedenheit mit den irdischen Verhältnissen abhelfen, war geheimnisvolle Abhilfe dringend erwünscht und wenigstens im Märchen willkommen in vielerlei Gestalt. In diesem Märchen ist es oft der Fisch. Zu einem »petit poisson Kreupelenteen« hält ein flandrisches Märchen, eine Forelle und ein goldener Fisch spenden im Französischen, in Spanien tut der besugo es, auch in Polen wird auf einen hochkarätigen Fisch ein Vertrauen gesetzt, wie Puschkin es für die Russen in Verse gebracht hat, das estnische Märchen weiß einen Verwandten, den Krebs. Im elsässischen und tschechischen bringt ein goldköpfiger Vogel das Gewünschte, wie er auch bei den Russen vorkommt, denen wird das Erbetene aber obendrein gewährt von einem Baum, einem Fuchs, einem goldköpfigen Kater, für den die Tataren eine wundertätige Katze haben, die aus einem Baumstumpf springt. In Rumänien wird ein Haselstrauch gebeten, in Japan ein Berggeist. In Island entschädigt ein Elf, im Hügel sitzend, für Unrecht mit einer Kuh, einer Tonne Mehl und einer Leiter zur Himmelstür, wohin man in flandrischen, französischen, italienischen Märchen vermittels einer wundersam wachsenden Bohnenranke gelangt. Der wendische arme Mann, »der die vielen Kinder hat«, klettert über eine Eiche zu Petrus, in Polen spricht der heilige Michael aus der Birke, als sie gefällt werden soll. In einem jüdischen Märchen aus Ostgalizien schenkt der Prophet Elias einem armen Mann

ein paar Gulden und dann das ganze Dorf und dann das ganze Land, nur allwissend will er ihn nicht machen. Die deutschen Märchen rufen meistens den Fisch an. Im friesischen heißt er Pintermann, im hessischen das Männchen Dominee, im schlesischen ist es ein Fischlein, die Pommern lassen sich liefern von einem Hechtlein und dem Butt, den sie noch ausgesetzt haben in Mecklenburg und der Welt, jenen ganz unscheinbaren Plattfisch, der gar kein rechter verwunschener Prinz ist und Gewalt hat über alles auf Erden.
Es sollte aber bestraft werden, wer sich vermaß und erhoben sein wollte über seinen Stand; so sind die Drohungen vielfältig. Der Isländer und seine Frau fallen von ihrer Leiter herunter zu Tode, wie ein französischer Mann abstürzen muß beim letzten Wunsch vor der Himmelstür. Das Mädchen Oudelette, das von Gott immer mehr will, und einmal zuviel, einen Mann, erwacht im Brunnenloch. Tantalos durfte von Zeus begehren, wonach ihm der Sinn stand; als er aber speisen wollte wie die Götter, hing ihm ein Steinklotz über dem Kopf, und er vermochte nichts anzurühren. Ein französisches Paar scheitert, als die Frau eine Bettlerin abweist, da wird die Kutsche zu einem Kürbis, die Pferde zu Flöhen, und der Wohlstand zu Armut. Ein anderes Ehepaar in Frankreich wird verwandelt in eine Eule und Kauz, aus einem rumänischen wird Kuckuck und Wiedehopf. In Flandern wohnt ein Anselmus im Blumentopf und Janneken Tietentater in einem Mostrichtopf, sein Landsmann Pier wird für seines Weibes Wünsche mit ihr zu Eulen. In Polen und Lettland sollte die Unersättlichkeit be-

straft werden mit Bärengestalt, wie in Rußland, wo einem auch das Los der Hunde zuteil werden konnte. Der unzufriedene Steinmetz in Japan wurde zum Felsen gemacht, und hätte doch lieber wie früher Keile in ihn getrieben. Im Elsaß sitzen Mann und Frau im Essigkrug, in Schlesien ist es der Bunzeltopf, in Friesland müssen sie sich mit dem Aschentopf begnügen, in Hessen müssen Hans Dudeldee und Frau Dinderlinde zurück in die selbe Behausung wie Düffelkee in Pommern, wie Mann und Frau in Mecklenburg, wie der Fischer und syne Fru an der See bei Wolgast.

Aber das Märchen enthält mehr als den Rat zur Bescheidung. Die meisten Fassungen haben gemeinsam, daß die Frau mit ihren unvernünftigen Wünschen sich und ihren Mann zurückbringt in das frühere oder in ein schlimmeres Elend (nur im lettischen Märchen ist der Mann der ewig Unzufriedene). Es ist also auch die Geschichte einer unglücklichen Ehe, so selbstgefällig vorgeführt, als sei da eine Nachbarin am Erfinden gewesen. Der Mann, dümmlich in seiner Genügsamkeit, erkennt immerhin die Gefahr eines Umgangs mit magischen Mächten und will mit bescheidener Verbesserung zufrieden sein (in der anderen pommerschen Fassung kommt noch ein Bauernhof auf die Wunschliste). Jedoch ist er seiner Frau ergeben, er mag nicht »ihr entgegen sein«, und wenn auch seine Mahnungen zur Vorsicht kräftiger werden, er läuft und bittet doch für sie, wie er früher für sie geangelt hat. Es ist eben kein glücklich liebend Paar, für das Raum wäre in der kleinen Hütte; jedoch, statt das zu begreifen, sucht sie ihr Wohlbefinden in der Vergrößerung des Ausmaßes. Sie ahnt wohl, worauf und mit wem sie sich einläßt, sie verdrängt das Nachdenken mit Ungeduld; so entgeht ihr der Genuß an den jeweils verschönerten Umständen. Der Mann gönnt es ihr, aber sie schließt ihn schon von der vierten Stufe der Erhöhung aus und behandelt ihn als einen Dienstbaren. Er nun hat gleich als unerreichbar eingesehen, was sie in ihrem wirren Verstande begehrt: zu sein wie Gott, was im Märchen so viel ist wie die Befreiung vom Tode, vom Sterben. Das will sie für sich allein, das bringt beide zurück in das Unglück von ehedem.

Das Märchen wurde vor der Verschollenheit bewahrt durch einen Verleger. Im Jahre 1805 übersandte Johann Georg Zimmer, damals Buchhändler in Heidelberg, dem Maler Philipp Otto Runge den ersten Band der Volksliedersammlung »Des Knaben Wunderhorn«. Im Nachwort hatte Achim von Arnim die Aufforderung geäußert: »Es wird uns, die wir vielleicht eine Volkspoesie erhalten, in dem Durchdringen unserer Tage, es wird uns anstimmend sein, ihre noch übrigen lebenden Töne aufzusuchen.« Und: »Wir wollen allen alles wiedergeben, was im vieljährigen Fortrollen seine Demantfestigkeit bewährt ... hat zu dem allgemeinen Denkmale des größten neueren Volkes, der Deutschen.« Das war ein nationales Programm gegenüber Frankreich, lange bevor es Preußen überhaupt angriff. Clemens Brentano, der andere Herausgeber des »Wunderhorns«, übersah jedoch den politischen Stellenwert des Märchens von dem Fischer und seiner Frau; nur das andere von Runge eingesandte Märchen, »Von dem Machandelboom«, wurde in der »Zeitung für Einsiedler« veröffentlicht. 1814 erschien in Berlin eine hochdeutsche Fassung, »Von einem Fischer und seiner Frau. Eine moralische Erzählung«, die viel gekauft und gelesen wurde als Biographie des endlich gestürzten Napoleon.

Als Achim von Arnim im Jahre 1809 den Brüdern Jacob und Wilhelm Grimm die beiden Märchen Runges übergab, wurden sie bestärkt in ihrem Entschluß, Märchen nunmehr systematisch zu sammeln statt wie bisher gelegentlich. Da auch Brentano eine Märchensammlung plant, übergeben sie ihm die Urschriften ihrer Funde, wenn auch in der Sorge, daß Brentano »sie sehr vergrößern und verbrillantieren wird«, im Gegensatz zu der philologischen Sorgfalt, die die Brüder Grimm auf jedes Literaturdenkmal wenden wollen. Brentanos Vorhaben ist liegen geblieben; die Grimms haben sich vorsorglich Abschriften gesichert, so daß auch »Von dem Fischer un syner Fru« 1812 in ihren »Kinder- und Hausmärchen« erscheinen kann, allerdings mit verschiedenen Änderungen, die der Berliner Verleger Georg Reimer an der Urschrift vorgenommen hat. 1840 gab Daniel Runge die Werke seines Bruders heraus, darin dieses Märchen, allerdings »meist, doch nicht vollständig dem Hamburger Dialekte anbequemt«. In dieser neuen Fassung ist der Text dann endgültig in die Grimmschen Märchen übernommen worden.

Philipp Otto Runge wurde am 23. Juli 1777 in Wolgast (Pommern) geboren. Malschüler der Kopenhagener Akademie war er von 1799 bis 1801. Danach bildete er sich in Dresden wei-

ter, wo die Freundschaft mit Ludwig Tieck ihn in die romantische Ideenwelt einführte. Anfangs versuchte er sich im klassizistischen Stil, aber sein Bild »Achills Kampf mit den Flüssen« gewann keinen Preis bei Goethes Weimarer Kunstwettbewerb von 1801. 1802 und 1803 entwarf er seine »Vier Tageszeiten«. Damit, und mit seinen »Arabesken«, bemühte er sich um die Entwicklung einer sinnbildlichen, naturreligiösen Malerei, die subjektives Empfinden wiedergibt: er gilt als der Begründer der deutschen romantischen Malerei. Seit 1803 lebte er in Hamburg, beschäftigt mit farbtheoretischen Versuchen und Vorarbeiten für den Zyklus der Tageszeiten. 1808 beendete er die zweite Fassung seines Gemäldes »Morgen«. Bevor er die zweite, vergrößerte Version fertigstellen konnte, starb er an einem Lungenleiden am 2. Dezember 1810 in Hamburg.
Seine beiden Märchen, »wie sie die Kinderfrauen wohl erzählen«, schickte er am 24. Januar 1806 an Johann Georg Zimmer. Im Begleitschreiben sagt er anläßlich des »Wunderhorns«: »Nur fällt es einem auf, zuerst, daß man vieles, das darin ist, vollständiger kennt und gehört hat, und hernach, daß durch das Übertragen oder Verhochdeutschen eine Sache oft platter geworden ist. An einem rechten Volksliede, Ballade, Märchen u. s. w. hängt eine geistige Färbung, wie die Staubfäden an den Blumen, dieses haben auch die Herausgeber gefühlt. Es liegt dieses wohl bisweilen in der Geschichte oder Materie, am gewöhnlichsten aber doch in dem Wie? oder Wodurch? Herder hatte Recht, daß die Melodien dabei gehören und selbst dem Fremdesten das höchste Interesse geben; sollte es

nicht dasselbe mit dem Dialekt sein, in welchem so ein Lied gemacht worden, und sollte man nicht, wenn man darauf denkt, den Reiz solcher Sachen festzuhalten, gerade das Flüchtige, ich möchte sagen die Blüte, in welcher sie einem erscheinen, festzuhalten suchen? und diesen Moment der Blüte hat, so gut wie alles Große und Gewaltige, auch jedes Lebendige, das uns reizt, und wer gerade diesen festzuhalten sucht, kommt dahin, auch die Blume und Blüte einer langen Bestrebung vieler Geschlechte in jeder Kunst wahrzunehmen.« Er versichert sodann, er habe sich bemüht, die beiden Märchen »so aufzuschreiben, wie sie sich anhören«, und rät, »vorzüglich wäre nie zu vergessen, daß die Sachen nicht gelesen, sondern erzählt werden sollten«.

Die vorliegende hochdeutsche Fassung kann sich lediglich verteidigen mit dem Umstand, daß kaum ein Angehöriger einer oberdeutschen Sprache heute so über das Niederdeutsche urteilen würde wie noch Gottfried Keller 1875 über den Dialekt in den Werken Fritz Reuters: »das Idiom stört mich an sich nicht«. Der DUDEN kennzeichnet »Butt« nun einmal als niederdeutsches Wort, weshalb zurückgegangen werden mußte auf diese Sprache, in der sein Name »stumpf, platt« bedeutet, wobei ja erhalten bleibt, daß gerade ein so gewöhnlicher Meeresbewohner Wunder zu stiften imstande ist. Jeder Versuch, die lautmalende Zeile »Manntje, Manntje, Timpe Te« nachzubilden, wäre albern ausgegangen; Manntje ist in der Urform wahrscheinlich Männeken, Timp ist nach dem Grimmschen Wörterbuch eine polnische Münze, und Te könnte der märchenhaft teure Tee sein. Wörtlichkeit wurde angestrebt, aber nicht streng durchgehalten, schon weil der Sinn von Ausdrücken wie »herrlich« oder »Bosheit« längst gespalten ist. Was die erste und letzte Behausung des heimgesuchten Paars angeht, so mußten leider auch hier die Bestimmungen des DUDEN befolgt werden: ihr Name ist niederdeutsch; verlangt war etwas anderes.

U. J.

Literatur

Kinder- und Hausmärchen, gesammelt durch die Brüder Grimm, München o. J., p. 833-835

Bolte/Polívka, Anmerkungen zu den Kinder- und Hausmärchen der Brüder Grimm, 5 Bände, 1913-1932, Band 1, p. 138-148

Clemens Brentano/Philipp Otto Runge, Briefwechsel, herausgegeben und kommentiert von *Konrad Feilchenfeld,* Frankfurt am Main 1974, p. 107-108

Philipp Otto Runge, Hinterlassene Schriften, Göttingen o. J., p. 63-64

Volksmärchen aus Pommern und Rügen. Gesammelt und herausgegeben von *Ulrich Jahn,* Erster Teil, Norden und Leipzig 1891, p. 228-232, p. 372

INHALT

7. Auflage 2022. Reprint eines vom Künstler kolorierten Exemplars der Ausgabe »Von dem Fischer un syner Fru« (Insel-Bücherei Nr. 315) von 1920 aus dem Besitz des Klingspor-Museums Offenbach am Main. Die durch eine Nacherzählung und ein Nachwort von Uwe Johnson erweiterte Ausgabe erschien erstmals 1976. Gesetzt in der Schrift Renata-Schwabacher und ITC Kabel Book. Gedruckt auf holzfreies, alterungsbeständiges Papier der Firma LENK Paper Schleipen GmbH, Bad Dürkheim, von der Memminger MedienCentrum AG, Memmingen. Gebunden in Fadenheftung von der Josef Spinner Großbuchbinderei GmbH, Ottersweier. Dieses Buch wurde klimaneutral produziert: climatepartner.com/14438-2110-1001. Printed in Germany. Erste Auflage 1987. ISBN 978-3-458-19075-2.
www.insel-verlag.de